城市地下病害体综合探测
消耗量定额 2025

中国灾害防御协会城镇基础设施防灾减灾工程专业委员会
中国测绘学会地下管线专业委员会   组织编写

中国建筑工业出版社

图书在版编目（CIP）数据

城市地下病害体综合探测消耗量定额. 2025 / 中国灾害防御协会城镇基础设施防灾减灾工程专业委员会，中国测绘学会地下管线专业委员会组织编写. -- 北京：中国建筑工业出版社，2025. 4. -- ISBN 978-7-112-30975-7

Ⅰ. U418

中国国家版本馆 CIP 数据核字第 2025PQ8652 号

责任编辑：高　悦
责任校对：芦欣甜

城市地下病害体综合探测消耗量定额 2025

中国灾害防御协会城镇基础设施防灾减灾工程专业委员会
中 国 测 绘 学 会 地 下 管 线 专 业 委 员 会　组织编写

*

中国建筑工业出版社出版、发行（北京海淀三里河路 9 号）
各地新华书店、建筑书店经销
霸州市顺浩图文科技发展有限公司制版
北京君升印刷有限公司印刷

*

开本：850 毫米×1168 毫米　1/32　印张：1⅝　字数：40 千字
2025 年 4 月第一版　　2025 年 4 月第一次印刷
定价：**25.00** 元
ISBN 978-7-112-30975-7
（44690）

版权所有　翻印必究
如有内容及印装质量问题，请与本社读者服务中心联系
电话：(010) 58337283　QQ：2885381756
（地址：北京海淀三里河路 9 号中国建筑工业出版社 604 室　邮政编码：100037）

《城市地下病害体综合探测消耗量定额2025》编制单位和人员

主 编 单 位：中国灾害防御协会城镇基础设施防灾减灾工程专业委员会

中国测绘学会地下管线专业委员会

副主编单位：北京建业通工程检测技术有限公司

参 编 单 位：（按拼音排序，排名不分先后）

北京国电经纬工程技术有限公司

成都沃特地下管线探测有限责任公司

大连中睿科技发展有限公司

哈尔滨工业大学

吉林大学地球物探测科学与技术学院

江西省瑞华国土勘测规划工程有限公司

南京市测绘勘察研究院股份有限公司

山东正元地球物理信息技术有限公司

上海市岩土工程检测中心有限公司

深圳市博铭维技术股份有限公司

天津泰达市政有限公司

中国电建集团西北勘测设计研究院集团有限公司

中路高科交通检测检验认证有限公司

中路高科交通科技集团有限公司

中煤（西安）地下空间科技发展有限公司

浙江华东测绘与工程安全技术有限公司

主要编制人员： 吴宝玲　刘新娜　颜培岩
参 编 人 员：（按姓氏拼音排序，排名不分先后）
　　　　　　　　白　旭　常成利　陈传辉　陈宗刚　崔海涛
　　　　　　　　代　毅　郭　强　康元欣　李冬梅　李　平
　　　　　　　　刘会忠　毛利建　毛欣荣　肖小良　余森林
　　　　　　　　袁家余　曾昭发　赵宪堂　郑文青

目 录

总说明 ·· 1
1 城市地下病害体探测 ·· 2
   说明 ·· 2
   工程量计算规则 ·· 2
     1.1 探地雷达法 ·· 3
       1.1.1 二维雷达探测 ······································ 3
       1.1.2 三维雷达探测 ······································ 4
     1.2 高密度电阻率法探测 ································· 5
     1.3 瞬态面波法探测 ·· 6
     1.4 微动勘探法探测 ·· 7
     1.5 地震映像法探测 ·· 8
     1.6 瞬变电磁法探测 ·· 9
2 坐标定位测量 ·· 10
   说明 ·· 10
   工程量计算规则 ·· 10
     2.1 雷达测线坐标定位 ···································· 11
     2.2 其他物探方法定位（勘探点）及病害体定位 ············ 12
     2.3 雷达测线实时定位 ···································· 13
3 病害体验证 ··· 14
   说明 ·· 14
   工程量计算规则 ·· 14
     3.1 钻孔验证 ·· 15
     3.2 原位试验验证 ·· 16
     3.3 开挖验证 ·· 17

| 3.4 其他物探验证 …………………………………………… 17
| **4 地下管线探测** …………………………………………………… 18
| 说明 ……………………………………………………………… 18
| 工程量计算规则 ………………………………………………… 19
| 4.1 电缆［电力、通信（不含光缆）等］探测 ………… 20
| 4.2 金属管线探测 ……………………………………………… 21
| 4.3 非金属管线（渠、涵）探测 …………………………… 22
| 4.4 盲探管线 …………………………………………………… 23
| 4.5 检查井检查 ………………………………………………… 24
| **5 路面结构层质量探测** ………………………………………… 25
| 说明 ……………………………………………………………… 25
| 工程量计算规则 ………………………………………………… 25
| 5.1 二维雷达探测 ……………………………………………… 26
| 5.2 三维雷达探测 ……………………………………………… 27
| **6 地下构筑物结构质量探测** …………………………………… 28
| 说明 ……………………………………………………………… 28
| 工程量计算规则 ………………………………………………… 28
| 6.1 新建地下构筑物质量探测 ……………………………… 29
| 6.1.1 新建隧道空洞探测 ……………………………… 29
| 6.1.2 新建管道空洞探测 ……………………………… 30
| 6.2 既有地下构筑物质量探测 ……………………………… 31
| 6.2.1 既有隧道空洞探测 ……………………………… 31
| 6.2.2 既有管道空洞探测 ……………………………… 32
| **7 应急抢险探测** ………………………………………………… 33
| 说明 ……………………………………………………………… 33
| 工程量计算规则 ………………………………………………… 33
| 7.1 城市道路塌陷应急探测 ………………………………… 34
| 7.2 地下管线事故应急探测 ………………………………… 35
| **8 土体病害处置** ………………………………………………… 36
| 说明 ……………………………………………………………… 36

工程量计算规则 ································· 36
　8.1 开挖回填 ····································· 37
　8.2 钻孔注浆 ····································· 38
　　8.2.1 钻探成孔 ································ 38
　　8.2.2 注浆加固 ································ 39
9 其他措施 ·· 40
　9.1 技术工作费 ··································· 40
　9.2 交通导改 ····································· 41

总 说 明

1. 城市地下病害体综合探测工作除测线定位测量、病害体定位测量及病害体验证外，视工作实际还可能进行地下管线探测、路面结构层质量探测、地下构筑物结构质量探测，故本定额中分别给出了相应工作定额。

2. 应急抢险性质的城市地下病害体综合探测具有特殊性，本定额中单独给出了其定额。

3. 城市地下病害体综合探测收费由实物工作收费和技术工作收费两部分组成。实物工作包括资料搜集、现场踏勘、外业检测等，是以完成工作量计算收费。技术工作是由城市地下病害体探测技术人员负责完成的研究编制方案、指导现场探测作业、汇总分析探测成果、编制探测文件等工作。综合考虑技术工作的工作量、智力劳动成本等因素，技术工作收费按照实物工作收费的核定比例进行计算。

1 城市地下病害体探测

说　明

1. 城市地下病害体探测方法包括：探地雷达法（探测深度 0～5m）、高密度电阻率法（探测深度 5～30m）、瞬态面波法（探测深度 5～20m、微动勘探法（探测深度 5～30m、地震映像法（探测深度 5～20m）和瞬变电磁法（探测深度 5～30m。

2. 城市地下 0～5m 范围病害体采用探地雷达法，根据《城市地下病害体综合探测与风险评估技术标准》JGJ/T 437—2018 中关于雷达测线布置要求进行消耗量选取。

3. 探地雷达法探测分为二维雷达探测和三维雷达探测。

4. 二维雷达和三维雷达根据采集方式又分为车载方式和人工方式。

工程量计算规则

1. 二维雷达城市地下病害体综合探测，按测线长度以"km"计算，少于 1km 测线时，按 1km 测线计取。

2. 三维雷达城市地下病害体综合探测，按测线束长度以"km"计算，少于 1km 测线束时，按 1km 测线束计取。

3. 本章综合单价不包括坐标定位测量及病害体验证费用。

1.1 探地雷达法

1.1.1 二维雷达探测

工作内容：资料搜集，现场踏勘，外业检测。

计量单位：km·测线

定额编号				1-1-1-1	1-1-1-2
子目名称				车载式	人工牵引式
分类	名称	单位	单价(元)	消耗量	
人工	综合工日	工日	180	30	20
材料	标记材料	升	25	2.0	2.0
	电子类复杂程度等级耗材	台班	50	1.5	2.0
机具	二维雷达检测系统（包括主机、80MHz～600MHz 天线、编码器）	台班	8980	1.5	2.0
	运输车	台班	888	1.5	2.0
	车载天线牵引装置	台班	328	1.5	0
	人工天线牵引装置	台班	174	0	2.0
	交通引导车	台班	907	1.5	0
	对讲机(一对)5(km)	台班	5	1.5	2.0
	影像采集设备	台班	32	1.5	2.0
	工作电脑	台班	175	1.5	2.0
综合单价(元)				17638	21557

1.1.2 三维雷达探测

工作内容：资料搜集，现场踏勘，外业检测。

计量单位：km·测线束

定额编号				1-1-2-1	1-1-2-2
子目名称				车载式	人工牵引式
分类	名称	单位	单价(元)	消耗量	
人工	综合工日	工日	180	1.0	2.0
材料	标记材料	升	25	0.2	0.2
	电子类耗材	台班	50	0.5	0.67
机具	三维雷达检测系统（包括主机、80MHz～600MHz天线、编码器）	台班	31581.8	0.5	0.67
	运输车	台班	888	0.5	0.67
	三维车载天线牵引装置	台班	480	0.5	0
	三维人工天线牵引装置	台班	288	0	0.67
	交通引导车	台班	907	0.5	0
	对讲机(一对)5(km)	台班	5.3	0.5	0.67
	影像采集设备	台班	32	0.5	0.67
	工作电脑	台班	175	0.5	0.67
综合单价(元)				17245	22488

1.2 高密度电阻率法探测

工作内容：资料搜集，现场踏勘，现场采集，数据质量检查。

计量单位：点（数据点）

定额编号				1-2-1
子目名称				高密度电法探测
				其他地表
分类	名称	单位	单价(元)	消耗量
人工	综合工日	工日	180	0.02
材料	标记材料	升	25	0.10
	电子类耗材	台班	176	0.10
机具	运输车辆	台班	888	0.01
	对讲机(一对)5(km)	台班	5	0.01
	高密度电法仪	台班	1760	0.01
	电脑	台班	124	0.01
	影像采集设备	台班	27	0.01
	皮尺	台班	97	0.01
综合单价(元)				53

1.3 瞬态面波法探测

工作内容：资料搜集，现场踏勘，现场采集，数据质量检查。

计量单位：点（数据点）

定额编号				1-3-1	1-3-2
子目名称				探测深度 $D(m)$	
				≤10	10<D≤20
分类	名称	单位	单价(元)	消耗量	
人工	综合工日	工日	180	4.5	6.5
材料	标记材料	升	25	1.0	1.0
	辅助材料(角钢)	台班	50	1.0	1.0
机具	载货汽车装载质量5(t)	台班	888	0.5	0.8
	对讲机(一对)5(km)	台班	5.33	0.5	0.8
	瞬态面波仪	台班	2696	0.5	0.8
	工作电脑	台班	124	0.5	0.8
	影像采集设备	台班	27	0.5	0.8
综合单价(元)				2755	4237

1.4 微动勘探法探测

工作内容：资料搜集，现场踏勘，现场采集，数据质量检查。

计量单位：测点

定额编号					1-4-1	1-4-2
子目名称					微动勘探法	
					探测深度 $D \leqslant 15m$	探测深度 $15m < D \leqslant 30m$
分类	名称	单位	单价(元)		消耗量	
人工	综合工日	工日	180		3.00	6.00
材料	标记材料(警戒带、锥桶、自喷漆等)	升	25		1.00	1.00
机具	载货汽车 装载质量5(t)	台班	888		1.00	1.00
	对讲机(一对)5(km)	台班	5.33		1.00	2.00
	微动智能勘探仪	台班	2520		1.00	2.00
	工作电脑	台班	124		1.00	2.00
	影像采集设备	台班	27		1.00	2.00
综合单价(元)					4129	7346

1.5 地震映像法探测

工作内容:资料搜集,现场踏勘,现场采集,数据质量检查。

计量单位:检波点·激发

定额编号				1-5-1
子目名称				地震映像法探测
分类	名称	单位	单价(元)	消耗量
人工	综合工日	工日	180	0.075
材料	标记材料	升	25	1.000
机具	载货汽车	台班	888	0.075
	对讲机(一对)5(km)	台班	5.33	0.075
	多功能地震仪	台班	3076	0.075
	工作电脑	台班	124	0.075
	影像采集设备	台班	27	0.075
综合单价(元)				348

1.6 瞬变电磁法探测

工作内容：资料搜集，现场踏勘，现场采集，数据质量检查。

计量单位：测点

分类	定额编号				1-6-1
	子目名称				瞬变电磁法
	名称	单位	单价(元)		消耗量
人工	综合工日	工日	180		0.2
材料	标记材料	升	25		0.1
机具	载货汽车	台班	888		0.2
	对讲机(一对)5(km)	台班	5.33		0.2
	瞬变电磁仪	台班	3076		0.2
	工作电脑	台班	124		0.2
	影像采集设备	台班	27		0.2
	综合单价(元)				863

2 坐标定位测量

说　明

1. 坐标定位测量包括雷达测线坐标定位、雷达测线实时定位、勘探点及病害体坐标定位。
2. "雷达测线坐标定位"是指在 GNSS 信号不好的情况下，用全站仪等设备测量雷达测线的起讫点、拐点等关键点位以获取雷达测线坐标。
3. "雷达测线实时定位"是指在 GNSS 信号良好的情况下用 RTK 实时获取雷达测线坐标。
4. "勘探点"是指高密度电阻率法、瞬态面波法、微动勘探法、地震映像法、瞬变电磁法等探测时布设的勘探点位。
5. 坐标定位测量主要参考《城市测量规范》CJJ/T 8—2011 和《全球导航卫星系统（GNSS）测量规范》GB/T 18314—2024 中关于坐标定位进行消耗量选取。

工程量计算规则

1. 雷达测线定位、雷达测线实时定位，以"km"计取。
2. 勘探点及病害体定位，以"点"计取。

2.1 雷达测线坐标定位

工作内容：收集资料，现场探测，控制测量，碎步测量。

计量单位：km

定额编号					2-1-1	2-1-2	2-1-3
子目名称					简单	中等	复杂
分类	名称	单位	单价(元)		消耗量		
人工	综合工日	工日	180		4.5	6.75	9
材料	标记材料(测钉)	个	1		30	45	60
机具	运输车辆	台班	888		2	3	4
	RTK设备	台班	387		2	3	4
	全站仪	台班	358		2	3	4
	对讲机(一对)5(km)	台班	5.33		2	3	4
	影像采集设备	台班	27		2	3	4
	工作电脑	台班	124		2	3	4
综合单价(元)					4419	6628	8837

2.2 其他物探方法定位（勘探点）及病害体定位

工作内容：收集资料，现场探测，控制测量，碎步测量。

计量单位：点

定额编号				2-2-1	2-2-2	2-2-3
子目名称				简单	中等	复杂
分类	名称	单位	单价(元)	消耗量		
人工	综合工日	工日	180	0.5	0.75	1
材料	标记材料(测钉)	个	1	1	1.5	2
机具	运输车辆	台班	888	0.25	0.375	0.5
	RTK设备	台班	387	0.25	0.375	0.5
	全站仪	台班	358	0.25	0.375	0.5
	对讲机(一对)5(km)	台班	5.33	0.25	0.375	0.5
	影像采集设备	台班	27	0.25	0.375	0.5
	工作电脑	台班	124	0.25	0.375	0.5
综合单价(元)				538	807	1077

2.3 雷达测线实时定位

工作内容：收集资料，现场探测，控制测量，碎步测量。

计量单位：km

定额编号					2-3-1	2-3-2	2-3-3
子目名称					简单	中等	复杂
分类	名称	单位	单价(元)		消耗量		
人工	综合工日	工日	180		4.5	5.4	6.75
材料	测钉	个	1		30	36	45
机具	运输车辆	台班	888		2	2.4	3
	RTK设备	台班	387		2	2.4	3
	全站仪	台班	358		1	1.2	1.5
	对讲机(一对)5(km)	台班	5.33		2	2.4	3
	影像采集设备	台班	27		2	2.4	3
	工作电脑	台班	124		2	2.4	3
综合单价(元)					4061	4873	6091

3 病害体验证

说　明

1. 病害体验证包括钻探法验证、原位试验验证、开挖验证和其他物探方法验证。
2. 钻孔与原位岩土测试岩土类别根据土的硬度、密度和颗粒级配等因素将复杂程度划分为6类，具体见下表：

岩土类别	Ⅰ	Ⅱ	Ⅲ	Ⅳ	Ⅴ	Ⅵ
松散地层	流塑、软塑、可塑黏性土，稍密、中密粉土，含硬杂质≤10%的填土	硬塑、坚硬黏性土，密实粉土，含硬杂质≤25%的填土	砂土,砾石,混合土,多年冻土,含硬杂质>25%的填土	粒径≤50mm、含量>50%的卵(碎)石层	粒径≤100mm、含量>50%的卵(碎)石层、混凝土构件、面层(沥青/混凝土)	粒径>100mm、含量>50%的卵(碎)石层、漂(块)石层

由于城市地下病害体综合探测工程中钻孔勘察主要作用为病害体验证，与工程勘察中钻孔目的不一致，且一般钻孔深度小于10m，主要位于城市道路下方，根据上述特点，城市地下病害体综合探测工程钻孔勘察的岩土类别全部归为Ⅴ类。

工程量计算规则

1. 钻孔验证，以"m"计取。
2. 原位试验验证，以"处"计取。
3. 开挖验证，以"m^3"计取。

3.1 钻孔验证

工作内容：钻探设备进出场，钻孔，回填。

计量单位：m

定额编号				3-1-1	3-1-2	3-1-3	3-1-4	3-1-5
子目名称				深度 D(m)				
				(0~1)m	(1~3)m	(3~5)m	(5~10)m	(10~20)m
分类	名称	单位	单价(元)	消耗量				
人工	综合工日	工日	180	1.50	1.80	2.25	2.70	3.00
材料	标记材料	升	25	0.10	0.12	0.15	0.18	0.20
	封堵材料	千克	50	3.00	3.60	4.50	5.40	6.00
	机械类耗材	台班	30	1.00	1.20	1.50	1.80	2.00
机具	运输车	台班	888	1.20	1.44	1.80	2.16	2.40
	钻探设备	台班	964	1.20	1.44	1.80	2.16	2.40
	发电机	台班	190	1.20	1.44	1.80	2.16	2.40
	窥孔仪	台班	428	1.20	1.44	1.80	2.16	2.40
	便携式钻探设备	台班	62	1.20	1.44	1.80	2.16	2.40
综合单价(元)				3491	4189	5236	6284	6982

3.2 原位试验验证

工作内容：钻探设备进出场，钻孔，标准贯入试验/静力触探试验/轻型圆锥动力触探试验，回填。

计量单位：处

分类	名称	单位	单价(元)	3-2-1 标准贯入试验	3-2-2 静力触探试验	3-2-3 轻型圆锥动力触探试验
	定额编号					
	子目名称					
				消耗量		
人工	综合工日	工日	180	1.5	0.50	0.50
材料	机械类耗材	台班	25	1.0	0.50	0.50
机具	标准贯入试验系统	台班	377	0.1	0	0
机具	运输车辆	台班	888	0.1	0.05	0.05
机具	便携式静力触探试验系统	台班	80	0	0.05	0
机具	轻型圆锥动力触探试验系统	台班	10	0	0	0.05
	综合单价(元)			421	151	147

3.3 开挖验证

工作内容：开挖设备进出场，开挖，回填。

计量单位：m^3

分类	名称	单位	单价(元)	定额编号 3-3-1 子目名称 开挖验证 消耗量

分类	名称	单位	单价(元)	消耗量
人工	综合工日	工日	180	1.50
材料	标记材料	元	25	1.00
材料	封堵材料	元	50	1.00
材料	机械类耗材	台班	30	1.00
机具	开挖设备	台班	1294	0.15
机具	运输车辆	台班	888	0.15
综合单价(元)				702

3.4 其他物探验证

其他物探方法验证按本定额第 1 章规定进行取费。

4 地下管线探测

说　明

1. 地下管线探测是指针对病害体边缘向外 10m 范围内地下管线进行探测。
2. 地下管线探测包括：电缆［电力、通信（不含光缆）等］探测、金属管道探测、非金属管道（渠、涵）探测、盲探管线和检查井检查。
3. 地下管线探测工作步骤和内容，主要参考《城市地下管线探测技术规程》CJJ 61—2017。
4. 由于城市地下病害体综合探测工作主要目的为排查道路塌陷隐患，保障道路安全运行，因此城市地下病害体综合探测工作中地下管线探测工作为探测检测区域范围内道路下方地下管线，而城市道路作为地下管线的载体，目前城市道路下方地下管线数量庞大，结合实际情况，将地下管线探测及测量复杂程度登记确定方法划定为下表内容。

类别	简单	中等	复杂
地形	平坦	起伏不大	高差大
障碍	建筑物密度小	建筑物密度中等	建筑物密度大
种类	<5 根，且无非金属管线	<5 根，且有非金属管线	>5 根
数量	1～3 种	4～5 种	>5 种
定位点	每 km 平均≤10 点	每 km 平均≤20 点	每 km 平均>20 点

地下管线探测和测量复杂程度等级确定方法如下表。

因素	类别		
	简单	中等	复杂
地形	1	2	3
障碍	1	2	3
种类	1	2	3
数量	1	2	3
定位点	1	2	3

复杂程度赋分值之和≤5的为简单，6～9的为中等，≥10的为复杂。

工程量计算规则

1. 电缆探测、金属管线探测、非金属管线探测、盲探管线探测，按"处"计算。
2. 检查井探测，以"座"计算。

4.1 电缆［电力、通信（不含光缆）等］探测

工作内容：收集资料，现场踏勘，现场探测。

计量单位：处

定额编号				4-1-1	4-1-2	4-1-3
子目名称				直埋电缆(电力、通信)探测		
				简单	中等	复杂
分类	名称	单位	单价(元)	消耗量		
人工	综合工日	工日	180	0.10	0.20	0.35
材料	标记材料	升	25	0.10	0.10	0.10
机具	运输车辆	台班	888	0.10	0.20	0.35
	RTK 设备	台班	387	0.10	0.20	0.35
	全站仪	台班	358	0.10	0.20	0.35
	对讲机(一对)5(km)	台班	5.33	0.10	0.20	0.35
	有毒气体检测仪	台班	61	0.10	0.20	0.35
	金属管线探测仪	台班	756	0.10	0.20	0.35
	工作电脑	台班	124	0.10	0.20	0.35
	影像采集设备	台班	27	0.10	0.20	0.35
综合单价(元)				281	560	978

4.2 金属管线探测

工作内容：收集资料，现场踏勘，现场探测。

计量单位：处

定额编号					4-2-1		
子目名称					简单	中等	复杂
分类	名称	单位	单价(元)		消耗量		
人工	综合工日	工日	180		0.15	0.18	0.23
材料	标记材料	瓶	25		0.10	0.10	0.10
机具	运输车辆	台班	888		0.03	0.06	0.09
	对讲机(一对)5(km)	台班	5.33		0.03	0.06	0.09
	RTK设备	台班	387		0.03	0.06	0.09
	全站仪	台班	358		0.03	0.06	0.09
	便携式路面雷达检测车	台班	136		0.03	0.06	0.09
	有毒气体检测仪	台班	61		0.03	0.06	0.09
	金属管线探测仪	台班	676		0.03	0.06	0.09
	二维探地雷达设备	台班	4888		0.03	0.06	0.09
	红外辐射测温仪	台班	460		0.03	0.06	0.09
	工作电脑	台班	124		0.03	0.06	0.09
	影像采集设备	台班	27		0.03	0.06	0.09
综合单价(元)					270	516	765

4.3 非金属管线（渠、涵）探测

工作内容：收集资料，现场踏勘，现场探测。

计量单位：处

定额编号				4-3-1	4-3-2	4-3-3
子目名称				简单	中等	复杂
分类	名称	单位	单价(元)	消耗量		
人工	综合工日	工日	180	0.18	0.35	0.45
材料	标记材料	瓶	25	0.10	0.10	0.10
机具	运输车辆	台班	888	0.05	0.09	0.14
	对讲机(一对)5(km)	台班	5.33	0.05	0.09	0.14
	RTK设备	台班	387	0.05	0.09	0.14
	全站仪	台班	358	0.05	0.09	0.14
	便携式路面雷达检测车	台班	136	0.05	0.09	0.14
	有毒气体检测仪	台班	61	0.05	0.09	0.14
	二维探地雷达设备	台班	4888	0.05	0.09	0.14
	红外辐射测温仪	台班	460	0.05	0.09	0.14
	工作电脑	台班	124	0.05	0.09	0.14
	影像采集设备	台班	27	0.05	0.09	0.14
综合单价(元)				402	726	1110

4.4 盲探管线

工作内容：收集资料，现场踏勘，现场探测。

计量单位：处

定额编号				4-4-1		
子目名称				简单	中等	复杂
分类	名称	单位	单价(元)	消耗量		
人工	综合工日	工日	180	0.10	0.12	0.15
材料	标记材料	瓶	25	0.10	0.10	0.10
机具	运输车辆	台班	888	0.01	0.01	0.02
	对讲机(一对)5(km)	台班	5.33	0.05	0.06	0.08
	RTK设备	台班	387	0.05	0.06	0.08
	全站仪	台班	358	0.05	0.06	0.08
	便携式路面雷达检测车	台班	136	0.05	0.06	0.08
	有毒气体检测仪	台班	61	0.01	0.01	0.02
	金属管线探测仪	台班	676	0.05	0.06	0.08
	二维探地雷达设备	台班	4360	0.005	0.01	0.02
	红外辐射测温仪	台班	460	0.01	0.01	0.02
	工作电脑	台班	124	0.05	0.06	0.08
	影像采集设备	台班	27	0.05	0.06	0.08
综合单价(元)				142	185	282

4.5 检查井检查

工作内容:启闭井盖,检查井内部检查,影像资料采集等。

计量单位:座

分类	名称	单位	单价(元)	4-5-1	4-5-2	4-5-3	4-5-4
	子目名称			井深 $H<3m$		井深 $H\geqslant 3m$	
				$<\phi 1000mm$	$\geqslant\phi 1000mm$	$<\phi 1000mm$	$\geqslant\phi 1000mm$
				消耗量			
人工	综合工日	工日	180	1.75	2.10	2.63	3.15
材料	标记材料	升	25	0.10	0.10	0.10	0.18
机具	运输车辆	台班	888	0.30	0.36	0.45	0.54
	对讲机(一对)5(km)	台班	5.33	0.30	0.36	0.45	0.54
	RTK设备	台班	387	0.30	0.36	0.45	0.54
	全站仪	台班	358	0.30	0.36	0.45	0.54
	有毒气体检测仪	台班	61	0.30	0.36	0.45	0.54
	QV检测仪	台班	840	0.30	0.36	0.45	0.54
	影像采集设备	台班	27	0.30	0.36	0.45	0.54
	激光测距仪	台班	126	0.30	0.36	0.45	0.54
综合单价(元)				1125	1350	1687	2025

5 路面结构层质量探测

说 明

1. 路面结构层质量探测根据对象划分为各种面层（如沥青路面、混凝土路面和铺砖路面）厚度探测和基层土体病害探测。
2. 路面结构层质量探测采用探地雷达法，其中面层厚度检测参考《城市工程地球物理探测标准》CJJ/T 7—2017 条文说明 5.5.1～5.5.11 中第 3 条宜采用频率为 1.0GHz～2.0GHz 的天线（参考《公路路基路面现场测试规程》JTG 3450—2019 中 T 0913—2019 短脉冲雷达测试路面厚度方法条文说明的规定）；基层土体病害检测宜采用频率为 600MHz～1.0GHz 的天线。
3. 路面结构层质量探测方法分为二维雷达探测和三维雷达探测。

工程量计算规则

1. 二维雷达探测路面结构层质量检测，按测线长度以"km"计算，少于 1km 测线时，按 1km 测线计取。
2. 三维雷达探测路面结构质量检测，按测线束长度以"km"计算，少于 1km 测线束时，按 1km 测线束计取。
3. 本章综合单价不包括坐标定位测量及病害体验证费用。

5.1 二维雷达探测

工作内容：资料搜集，现场踏勘，外业检测。

计量单位：km·测线

定额编号				5-1-1	5-1-2
子目名称				车载式	人工牵引式
分类	名称	单位	参考单价(元)	消耗量	
人工	综合工日	工日	180	3.0	5.0
材料	标记材料	升	25	2.0	2.0
	电子类耗材	台班	50	1.5	2.0
机具	二维雷达检测系统（包括主机、600MHz～2.0GHz天线、编码器）	台班	8980	1.5	2.0
	承载车	台班	888	1.5	2.0
	车载天线牵引装置	台班	328	1.5	0
	人工天线牵引装置	台班	174	0	2.0
	交通引导车	台班	907	1.5	0
	对讲机(一对)5(km)	台班	5	1.5	2.0
	影像采集设备	台班	32	1.5	2.0
	工作电脑	台班	175	1.5	2.0
综合单价(元)				17638	21558

本表消耗量只针对空洞探测参数消耗量，如果增加厚度参数，消耗量增加20%

5.2 三维雷达探测

工作内容:资料搜集,现场踏勘,外业检测。

计量单位:km·测线束

分类	定额编号			5-2-1	5-2-2
	子目名称			车载式	人工牵引式
	名称	单位	参考单价(元)	消耗量	
人工	综合工日	工日	180	1.00	2.00
材料	标记材料	升	25	0.20	0.20
	电子类耗材	台班	50	0.50	0.67
机具	三维雷达检测系统 (包括主机、600MHz~ 2.0GHz天线、编码器)	台班	31581.80	0.50	0.67
	运输车	台班	888	0.50	0.67
	三维车载天线牵引装置	台班	480	0.50	0
	三维人工天线牵引装置	台班	288	0	0.67
	交通引导车	台班	907	0.50	0
	对讲机(一对)5(km)	台班	5	0.50	0.67
	影像采集设备	台班	32	0.50	0.67
	工作电脑	台班	175	0.50	0.67
	综合单价(元)			17244	22488

6 地下构筑物结构质量探测

说 明

1. 地下构筑物包括隧道、管道、地下通道和人防巷道等。
2. 地下构筑物结构物质量探测包括：地下构筑物结构周边空洞探测、地下构筑物衬砌厚度探测和钢拱架（钢筋）分布探测。
3. 根据探测对象可分为新建地下构筑物和既有地下构筑物探测。
4. 地下构筑物结构及周边病害体探测采用探地雷达法探测，根据《城市工程地球物理探测标准》CJJ/T 7—2017 条文说明 5.5.1～5.5.11 中第 3 条采用 400MHz～1.6GHz 进行地下构筑物结构及周边病害探测。
5. 根据地下构筑物断面高度划分：断面高度≤3m，3m＜断面高度≤6m，断面高度＞6m。

工程量计算规则

1. 地下构筑物结构质量探测，按测线长度以"km"计算，少于1km测线时，按1km测线计取。
2. 该章节的消耗量定额仅包含地下构筑物结构质量探测工作的费用，不含测量、验证、其他措施等费用，测量、验证、其他措施等消耗量定额请参看相关章节。

6.1 新建地下构筑物质量探测

6.1.1 新建隧道空洞探测

工作内容：资料搜集，现场踏勘，外业检测。

计量单位：km·测线

定额编号					6-1-1-1	6-1-1-2	6-1-1-3
子目名称					新建隧道空洞探测		
					断面高度≤3m	3m<断面高度≤6m	断面高度>6m
分类	名称	单位	单价(元)		消耗量		
人工	综合工日	工日	180		3.75	5.63	5.63
材料	标记材料	升	25		1.00	1.00	1.00
	其他消耗材料	台班	50		1.00	1.50	1.70
机具	载货汽车	台班	888		1.75	2.63	3.06
	对讲机(一对)5(km)	台班	5.33		1.75	2.63	3.06
	隧道台车	台班	860		0	0	2.98
	二维雷达检测系统(包括主机、400MHz~1.6GHz天线、编码器)	台班	6193		2.00	3.00	3.50
	工作电脑	台班	124		2.00	3.00	3.50
	影像采集设备	台班	27		2.00	3.00	3.50
综合单价(元)					15001	22495	28624

本表消耗量只针对空洞探测参数消耗量，如果分别增加厚度和钢筋两个参数，每增加一项，消耗量增加20%

6.1.2 新建管道空洞探测

工作内容：资料搜集，现场踏勘，外业检测。

计量单位：km·测线

定额编号				6-1-2-1	6-1-2-2
子目名称				新建管道空洞探测	
				管径<1.6m	管径≥1.6m
分类	名称	单位	单价(元)	消耗量	
人工	综合工日	工日	180	6.00	4.00
材料	标记材料	升	25	1.00	1.00
机具	载货汽车	台班	888	3.00	2.00
	对讲机(一对)5(km)	台班	5.33	3.00	2.00
	二维雷达检测系统(包括主机、400MHz~1.6GHz天线、编码器)	台班	6193	3.00	2.00
	工作电脑	台班	124	3.00	2.00
	影像采集设备	台班	27	3.00	2.00
综合单价(元)				22817	15220

6.2 既有地下构筑物质量探测

6.2.1 既有隧道空洞探测

工作内容：资料搜集，现场踏勘，启闭井盖，强制通风，有毒气体检测，外业检测。

计量单位：km·测线

定额编号				6-2-1-1	6-2-1-2	6-2-1-3
子目名称				既有隧道空洞探测		
				断面高度≤3m	3m<断面高度≤6m	断面高度>6m
分类	名称	单位	单价(元)	消耗量		
人工	综合工日	工日	180	4.75	5.70	7.13
材料	标记材料	升	25	1.00	1.00	1.00
机具	载货汽车	台班	888	2.00	3.00	3.50
	对讲机(一对)5(km)	台班	5.33	2.00	3.00	3.50
	隧道台车	台班	860	0.00	0.00	3.50
	二维雷达检测系统(包括主机、400MHz~1.6GHz天线、编码器)	台班	6193	2.00	3.00	3.50
	工作电脑	台班	124	2.00	3.00	3.50
	影像采集设备	台班	27	2.00	3.00	3.50
	液压动力渣浆泵4(寸)	台班	330	2.00	3.00	3.50
	有害气体检漏仪	台班	60.5	2.00	3.00	3.50
	轴流通风机功率7.5(kW)	台班	254	2.00	3.00	3.50
综合单价(元)				16644	24696	31905

本表消耗量只针对空洞探测参数消耗量，如果分别增加厚度和钢筋两个参数，每增加一项，消耗量增加20%。

6.2.2 既有管道空洞探测

工作内容：资料搜集，现场踏勘，启闭井盖，强制通风，有毒气体检测，外业检测。

计量单位：km·测线

定额编号				6-2-2-1	6-2-2-2
子目名称				既有管道空洞探测	
				管径<1.6m	管径≥1.6m
分类	名称	单位	单价(元)	消耗量	
人工	综合工日	工日	180	7.5	5.00
材料	标记材料	升	25	1.00	1.00
机具	载货汽车	台班	888	3.75	2.50
	对讲机(一对)5(km)	台班	5.33	3.75	2.50
	二维雷达检测系统(包括主机、400MHz～1.6GHz天线、编码器)	台班	6193	3.75	2.50
	工作电脑	台班	124	3.75	2.50
	影像采集设备	台班	27	3.75	2.50
	液压动力渣浆泵4(寸)	台班	330	3.75	2.50
	有害气体检漏仪	台班	61	3.75	2.50
	轴流通风机功率7.5(kW)	台班	254	3.75	2.50
综合单价(元)				30934	20631

7 应急抢险探测

说　明

1. 应急抢险探测包括城市道路塌陷应急抢险探测和地下管线事故抢险探测。
2. 应急抢险探测主要参考《城市地下病害体综合探测与风险评估技术标准》JGJ/T 437—2018 和《城市工程地球物理探测标准》CJJ/T 7—2017 进行消耗量选取。

工程量计算规则

1. 城市道路塌陷应急抢险探测，以"m^2"计取。
2. 地下管线事故抢险探测，以"km"计取。

7.1 城市道路塌陷应急探测

工作内容：组织人员和设备 2h 内到达现场，资料搜集，现场踏勘，现场交通维护，现场制定探测方案，外业数据采集，内业处理。

计量单位：m^2

分类	名称	单位	单价(元)	消耗量
定额编号				7-1-1
子目名称				道路塌陷应急探测
人工	综合工日	工日	180	3.00
材料	自喷漆	升	25	2.00
	安保装置（锥桶、指示灯、闪光棒等）	台班	760	1.00
机具	二维/三维雷达检测系统（包括主机、80MHz～600MHz天线、编码器）	台班	27198	0.25
	运输车	台班	888	0.25
	便携式路面雷达检测车	台班	136	0.25
	对讲机（一对）5(km)	台班	5.33	0.25
	影响采集设备	台班	27	0.25
	笔记本电脑（内业）	台班	124	0.25
	管线探测仪	台班	676	0.25
	QV检测仪	台班	840	0.25
	便携式钻探设备	台班	62	0.25
	发电机	台班	190	0.25
	内窥设备	台班	428	0.25
	测量设备	台班	387	0.25
综合单价(元)				9090

7.2 地下管线事故应急探测

工作内容：组织人员和设备 2h 内到达现场，资料搜集，现场踏勘，现场交通维护，现场制定探测方案，外业数据采集，内业处理。

计量单位：km

定额编号				7-2-1
子目名称				管线事故应急探测
分类	名称	单位	单价(元)	消耗量
人工	综合工日	工日	180	6
材料	自喷漆	升	25	3
机具	二维/三维雷达检测系统（包括主机、80MHz～600MHz天线、编码器）	台班	27198	1.50
	运输车	台班	888	1.50
	对讲机(一对)5(km)	台班	5.33	1.50
	笔记本电脑(内业)	台班	124	6.00
	管线探测仪	台班	676	3.00
	QV检测仪	台班	840	1.50
	CCTV检测仪	台班	4325	1.50
	便携式钻探设备	台班	62	1.50
	发电机	台班	190	1.50
	内窥设备	台班	428	1.50
	测量设备	台班	387	1.50
	液压动力渣浆泵4(寸)	台班	330	1.50
	有害气体检漏仪	台班	61	1.50
	轴流通风机功率7.5(kW)	台班	254	1.50
	红外辐射测温仪	台班	460	1.50
综合单价(元)				57069

8 土体病害处置

说 明

1. 土体病害处置包括开挖回填和钻孔注浆。
2. 土体病害处理主要参考《道路深层病害非开挖处治技术规程》CJJ/T 260—2016 和《城镇道路养护技术规范》CJJ 36—2016 进行消耗量选取。
3. 依据《道路深层病害非开挖处治技术规程》CJJ/T 260—2016，当脱空体积不大于 $0.05m^3$ 时，宜采用高分子材料注浆处治方案；当道路脱空病害的脱空体积大于 $0.05m^3$ 时，宜采用非拌和高分子混凝土处治方案。
4. 当采用高分子材料注浆方案处治脱空病害时，处治孔应采用微孔。当采用非拌和高分子混凝土方案处治脱空病害时，处治孔应分别设计大孔和微孔。本消耗量定额所包含的钻孔成孔指大孔成孔的消耗量。

工程量计算规则

1. 开挖回填，以"m^3"计取。
2. 钻探成孔，以"孔"计取。
3. 注浆加固，以"m^3"计取。

8.1 开挖回填

工作内容：根据土体病害特点制定开挖回填方案，划线、切边、拆除、降尘、清扫，回填压实，清扫基层、摊铺、接茬、碾压、夯实，清理现场等。

计量单位：m³

定额编号				8-1-1	8-1-2
子目名称				硬化路面	其他地表
分类	名称	单位	单价(元)	消耗量	
人工	综合工日	工日	180	10	10
材料	水	t	6.33	10	0
	石灰粉煤灰	t	72.42	5	0
	细粒式沥青混凝土	t	489.6	0.25	0
	中粒式沥青混凝土	t	479.4	0.25	0
	粗粒式沥青混凝土	t	469.2	0.25	0
	天然砂石、级配砂石	t	52.02	1.5	0
机具	轮胎式装载机2.0(m³)	台班	1056.3	3	3
	破碎炮440H	台班	1249.59	3	0
	切边机	台班	137.45	3	0
	工程车	台班	395.68	3	3
	水车4000(L)	台班	628.2	3	0
	载重汽车5(t)	台班	575.47	3	3
	履带式挖掘机2.0(m³)	台班	1545.8	3	3
	压路机2(t)	台班	545.42	3	3
	发电机15(kW)	台班	244.72	3	3
	汽车起重机5(t)	台班	514.61	3	3
	沥青混凝土裂缝开槽机	台班	350	3	0
	清扫车	台班	1143.71	3	0
综合单价(元)				27824	16434

8.2 钻孔注浆

8.2.1 钻探成孔

工作内容：定位，钻孔，清洗钻孔等。

计量单位：孔

定额编号				8-2-1-1	8-2-1-2	8-2-1-3	8-2-1-4
子目名称				加固孔深度 D(m)			
				2m	3m	4m	5m
分类	名称	单位	参考单价（元）	消耗量			
人工	综合工日	工日	180	0.50	0.75	1.00	1.25
材料	喷漆	升	25	0.10	0.10	0.10	0.10
	机械类耗材	kg	30	0.4	0.60	0.80	1.00
机具	运输车	台班	888	0.65	0.98	1.30	1.63
	汽车钻孔机	台班	964	0.65	0.98	1.30	1.63
	发电机	台班	190	0.65	0.98	1.30	1.63
	便携式钻探设备	台班	62	0.50	0.75	1.00	1.25
综合单价(元)				1463	2203	2923	3663

8.2.2 注浆加固

工作内容：配置浆液，安插注浆管，分段压密注浆，检测注浆效果等。

计量单位：m^3

定额编号				8-2-2-1	8-2-2-2	8-2-2-3
子目名称				双组分聚氨酯材料	高强聚合物材料	非拌和高分子混凝土
分类	名称	单位	单价(元)	消耗量		
人工	综合工日	工日	180	4.00	4.00	4.00
材料	双组分聚氨酯材料	kg	10	50.00	0	0
	高强聚合物材料	kg	1.4	0	1175	0
	非拌和高分子混凝土	m^3	90	0	0	1.00
机具	集成式注浆机	台班	690	0.10	0.10	0.10
	发电机	台班	190	0.10	0.10	0.10
	冲击钻	台班	62	0.10	0.10	0.10
	取芯钻	台班	144	0.10	0.10	0.10
	注射枪	台班	168	1.00	1.00	0
综合单价(元)				1497	2642	919

9 其他措施

9.1 技术工作费

城市地下病害体综合探测技术工作费核定比例为22%。

9.2 交通导改

工作内容：交通导改设施装卸、码放、就位、收回、维修、保存和疏导交通等。

计量单位：日

定额编号				9-2-1	9-2-2	9-2-3	9-2-4
子目名称				交通导改			
				快速路	主干路	次干路及以下	人行步道
分类	名称	单位	单价（元）	消耗量			
人工	综合工日	工日	180	9.00	7.00	5.00	3.50
材料	锥形桶	个	35	30.00	15.00	10.00	5.00
	LED双向箭头灯	个	2020	0.80	0.50	0.10	0.05
	施工标志牌	个	142.8	1.50	1.00	1.00	0.50
	限速标志牌	个	173.4	1.50	1.50	1.50	0.00
	交通指挥棒	个	20.4	0.80	0.60	0.20	0.05
	防撞桶	个	224.4	1.00	0.50	0.40	0.00
	大回转灯	个	1581	0.20	0.10	0.05	0.02
	锥标警示灯	个	39.78	20.00	10.00	5.00	3.00
	安全警示肩灯	个	25	18.00	14.00	10.00	6.00
	反光背心	个	20	9.00	7.00	5.00	3.00
	球形照明灯	个	35700	0.02	0.01	0	0
	电池1号	个	2.35	240.00	140.00	90.00	60.00
机具	工程车	台班	395.68	1.00	1.20	1.20	1.20
	载重汽车2(t)	台班	325.09	1.20	1.20	1.20	1.20
综合单价(元)				8807	5919	3653	2345